W0031848

TITEL DER NIEDERLÄNDISCHEN
ORIGINALAUSGABE »VOOR JOU«,
LEMNISCAAT B.V. ROTTERDAM

DEUTSCHE BEARBEITUNG: PETER BAUMANN
ISBN 3-8303-6052-5

LEENDERT JAN VIS

FÜR DICH

LAPPAN

ES GAB MAL EINE ZEIT, DA HABE
ICH DICH NOCH NICHT GEKANNT ...

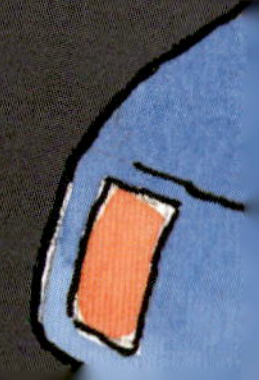

DER TUNNEL, IN DEM
SIE SICH BEFINDEN,
HAT KEINEN AUSGANG.
BITTE ABBLENDLICHT
EINGESCHALTET LASSEN.
UNANNEHMLICHKEITEN
BITTEN WIR
ZU ENTSCHULDIGEN.

DAS LEBEN
WAR NICHT IMMER EITEL
SONNENSCHEIN.

TRAURIG
TRAURIG
HUMOR
0
0
LEBENSZEIT

ES WAR EHER WIE EIN
VERREGNETER
SONNTAGNACHMITTAG.

ICH HABE MICH
HAUPTSÄCHLICH DAMIT
BESCHÄFTIGT, GEGEN
MAUERN ANZURENNEN.

VON AUSSEN
SAH ALLES ZIEMLICH
NORMAL AUS.

IHNEN FEHLT NICHTS. SIE SIND KERNGESUND. ALLES REINE EINBILDUNG.
DER NÄCHSTE!

DOCH ICH SPÜRTE,
DASS ETWAS FEHLTE.

DANN, EINES TAGES UND WIE AUS H
ICH?

EREM HIMMEL, KAMST
DU!

SEIT ICH DICH
GESEHEN HABE,
GEHST DU
MIR NICHT MEHR
AUS DEM SINN.

DU ... DU LÄSST MEIN
HERZ SCHNELLER SCHLAGEN.

KLOPF! KLOPF! KLOPF! KLOPF!

PF! KLOPF! KLOPF! KLOPF! KLOPF!

MIT DIR KAM DIE
LEBENSLUST ZURÜCK.

JA!
JAAAAA!

ICH MÖCHTE
MIT DIR TANZEN.

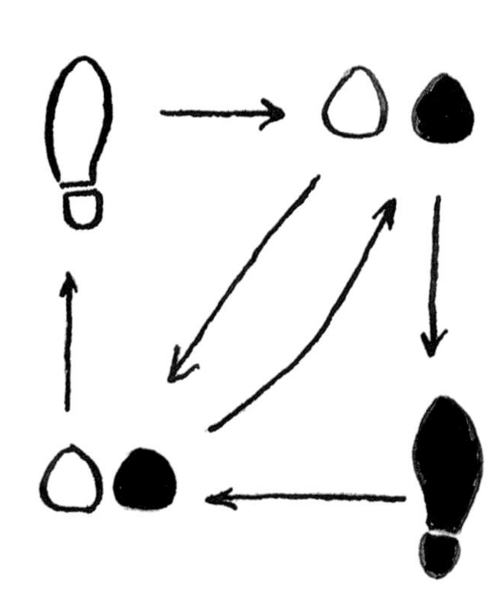

ICH MÖCHTE MIT DIR LACHEN.

HAHA HIHIHO HAHA HAHAHA!

EIN TOLLER SPASS!

HOHOHO!
HAHA!

ICH MÖCHTE MIT DIR PLAUDERN.

ICH HAB'S NICHT
WIRKLICH BEGRIFFEN...
DU?

NEE!

ICH MÖCHTE MIT DIR
DEN STRAND ENTLANGLAUFEN.

ICH MÖCHTE MIT DIR
UNTER DIE DECKE SCHLÜPFEN.

ICH HATTE
MIR EIGENTLICH
WAS ANDERES
VORGESTELLT!

ICH MÖCHTE NEBEN
DIR AUFWACHEN.

ERST BRAUCH ICH MAL ETWAS SCHLAF!

ACH KOMM ...

ICH MÖCHTE DIR
DIE GANZE
WELT SCHENKEN.

KURZUM:
ICH
WILL
DICH!

ES WÄRE SCHÖN,
WENN DU MICH
AUCH HABEN MÖCHTEST!

WOLLEN WIR'S MIT
LANG UND GLÜCKLICH VERSUCHEN?